TOSHIO HOSOKAWA
REMINISCENCE

for marimba

SJ 1160

マリンバのための《想起》は、小森邦彦の委嘱により作曲された。
2002年12月17日、東京オペラシティリサイタルホールにて、小森邦彦により初演された。

演奏時間——12分

Reminiscence for marimba was commissioned by Kunihiko Komori.
The first performance was given by Kunihiko Komori at Tokyo Opera City Recital Hall in Tokyo on December 17, 2002.

Duration : 12 minutes

ABBREVIATIONS AND SYMBOLS:

longer

= repeat indicated notes

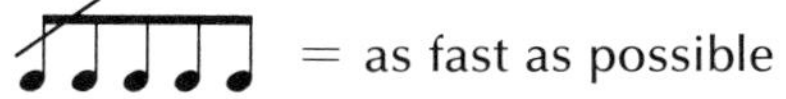

= as fast as possible

= tremolo accelerando

for Kunihiko Komori

REMINISCENCE

想起

for marimba

Toshio Hosokawa
細川俊夫

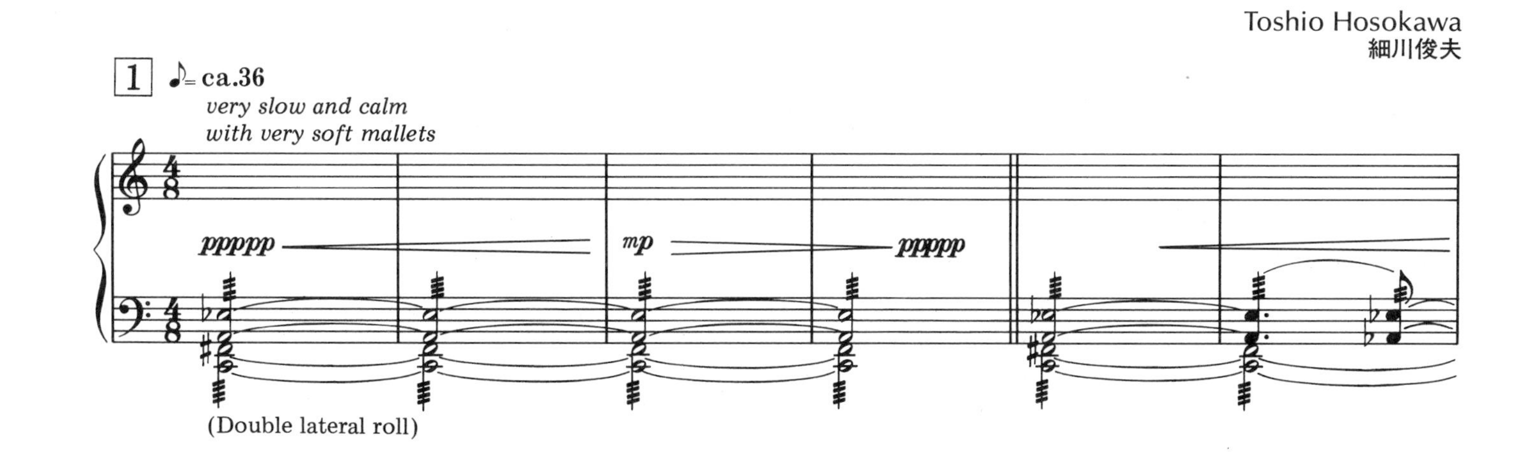

3

mp pppp pppp mf pppp

pppp

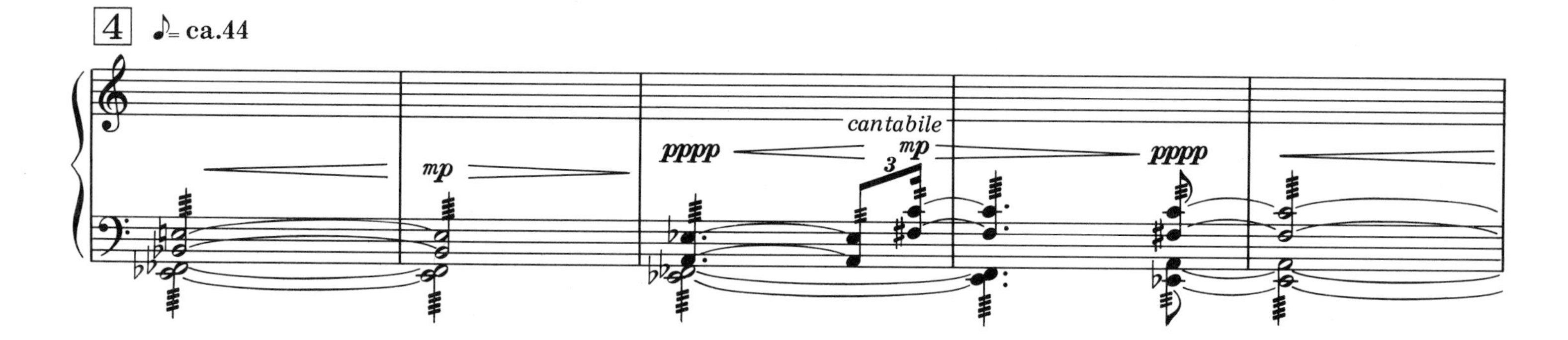
4
♪= ca.44
cantabile

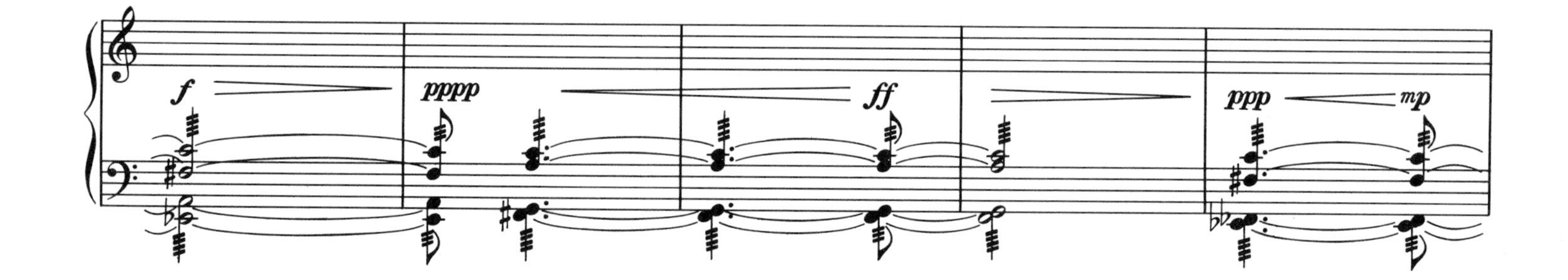

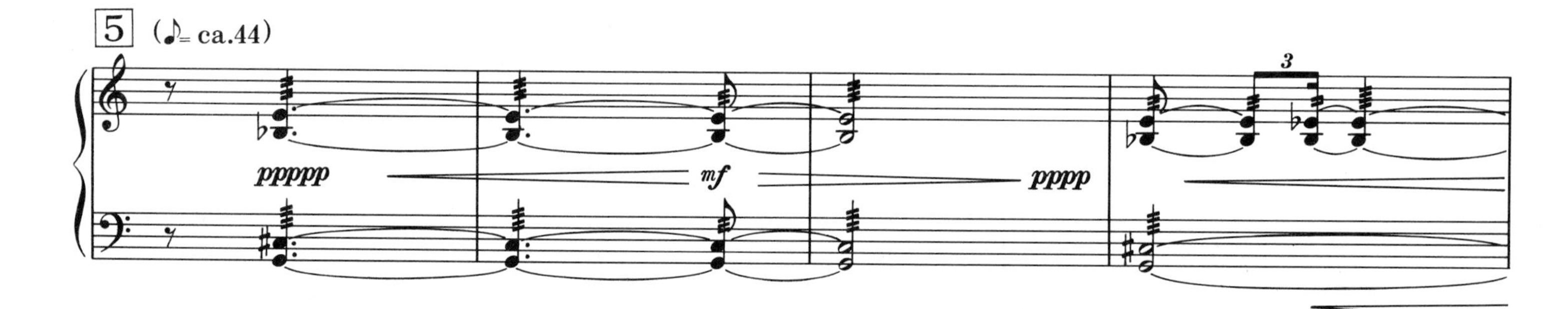
5
(♪= ca.44)

6
♪= ca.48
pppp
mf
ppp
f
ppp

3
mf
ppp
f
ppp

ff
pppp
f
pppp
pppp
mp
pppp

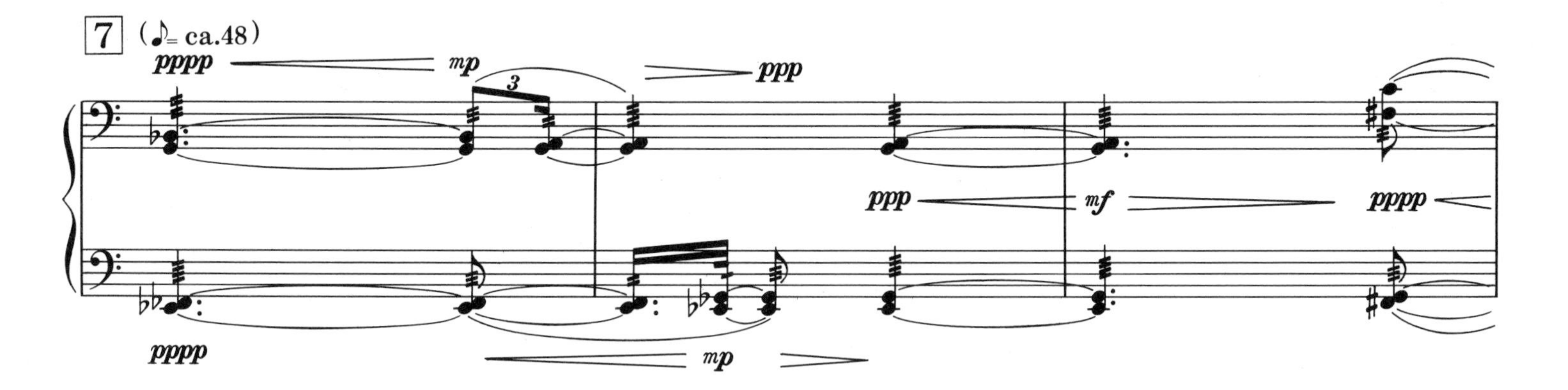
7
(♪= ca.48)
pppp
mp
3
ppp
ppp
mf
pppp
pppp
mp

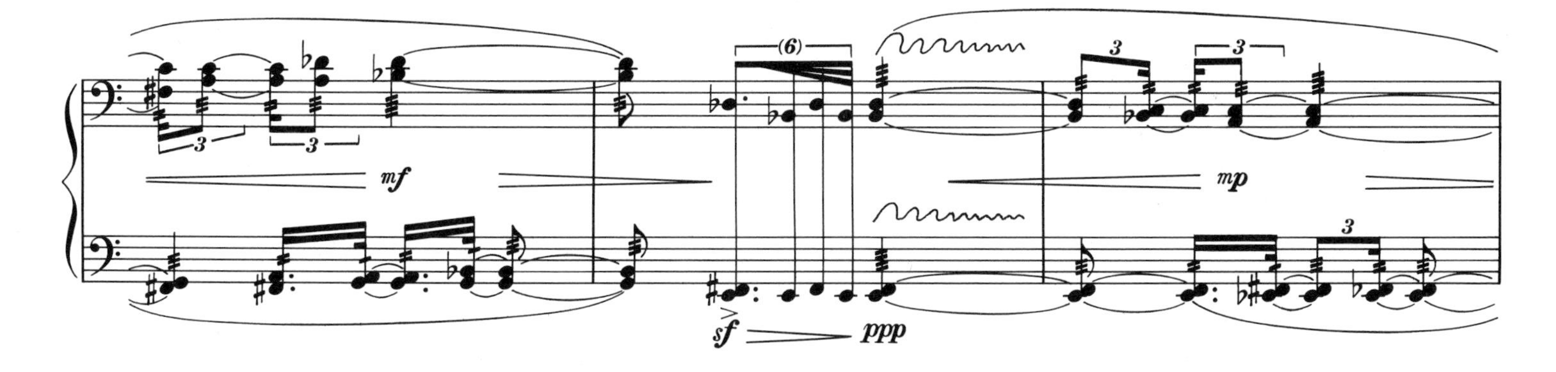
3
3
mf
(6)
3
3
mp
3
sf
ppp

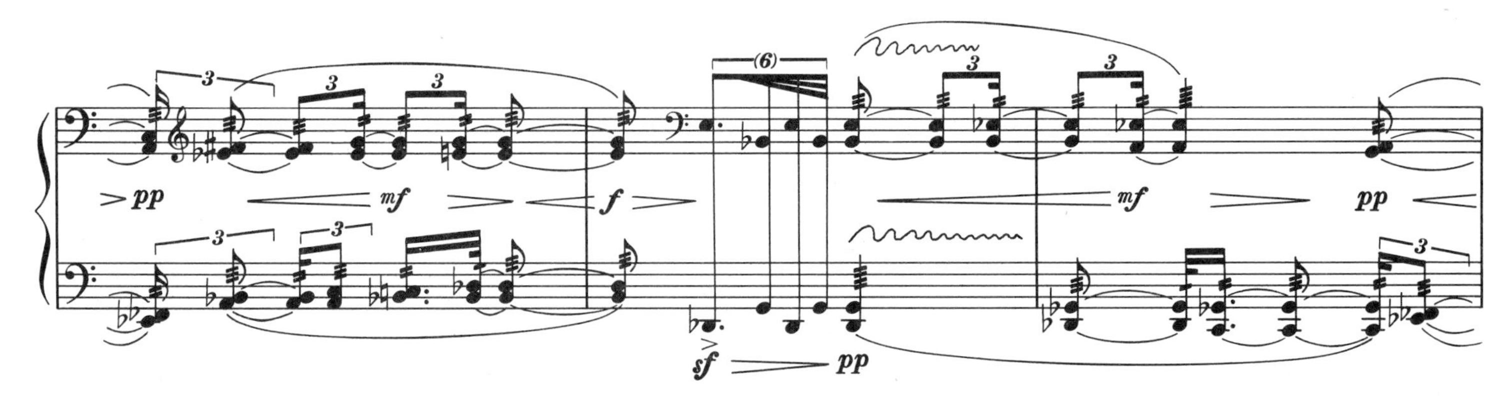
pp mf f
sf pp
mf pp

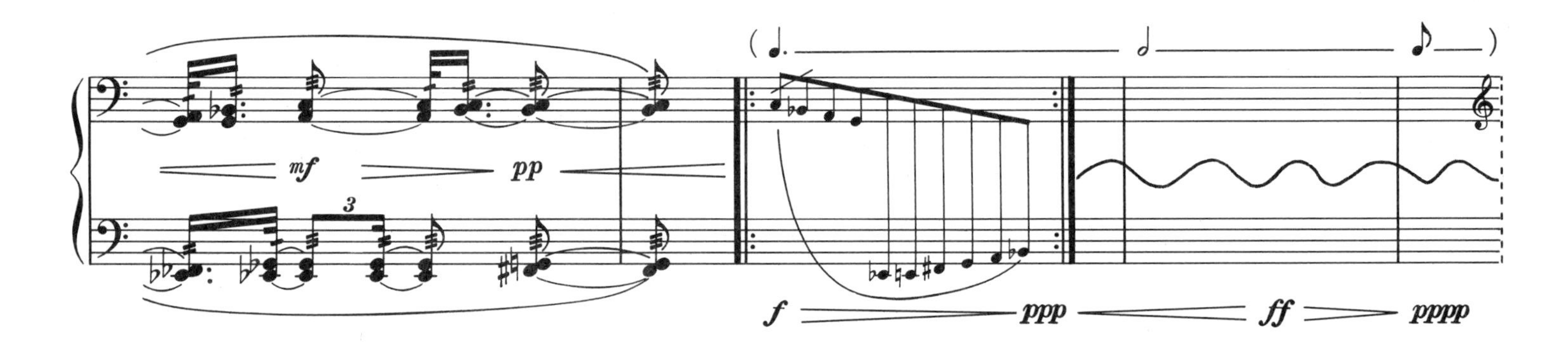
mf pp
f ppp ff pppp

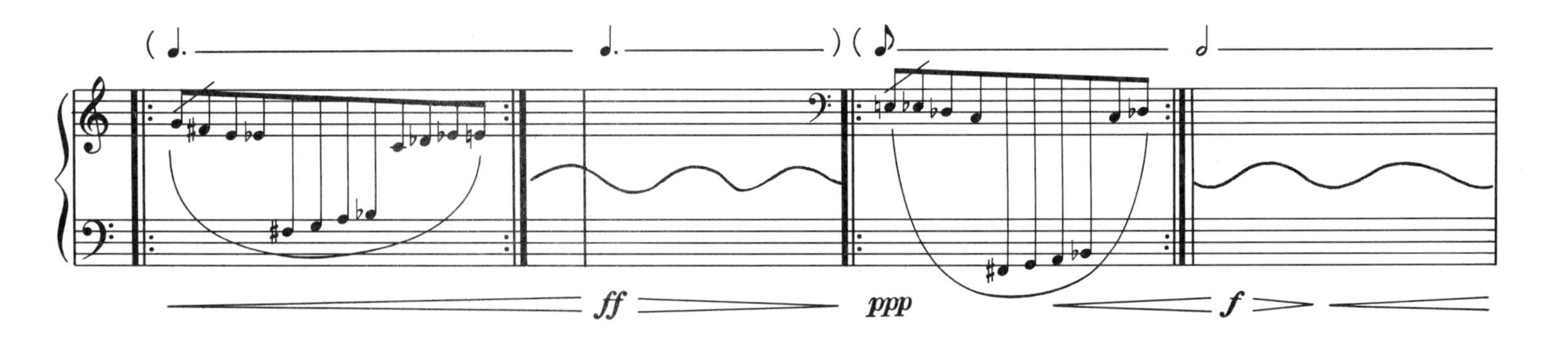
ff ppp f

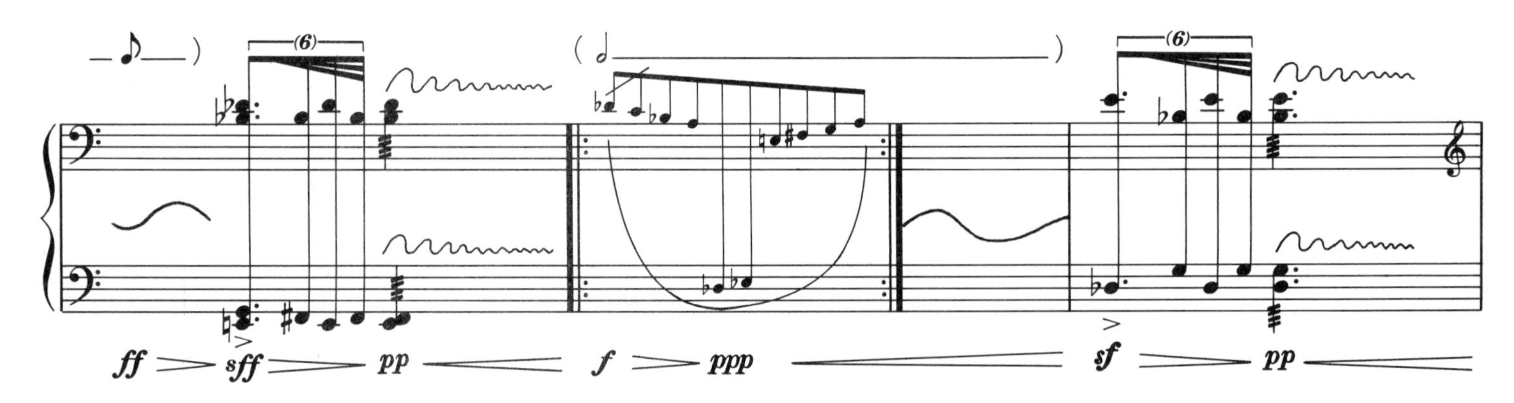
ff sff pp f ppp sf pp

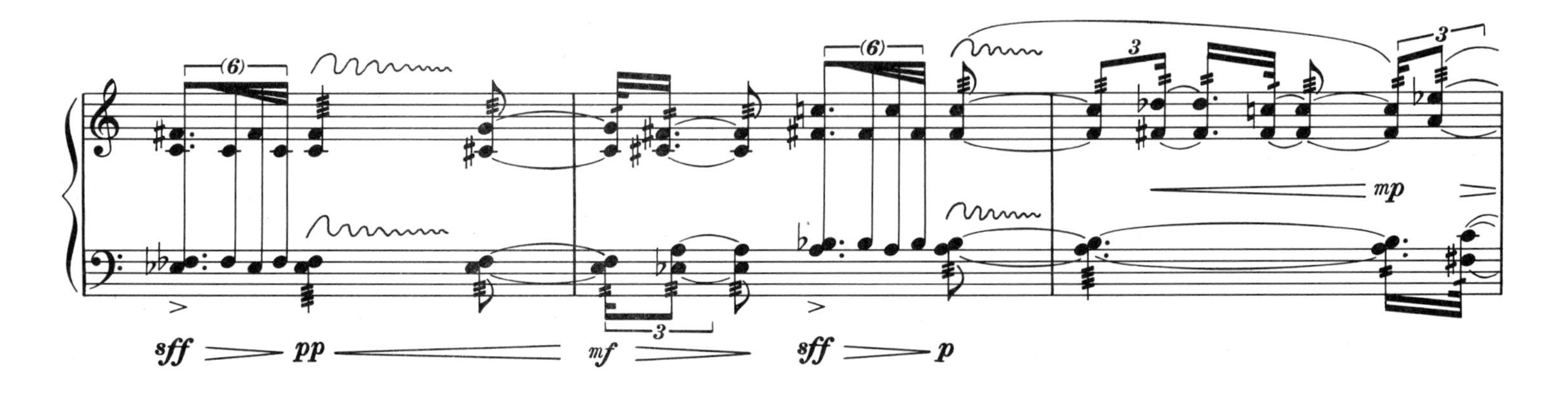
mp
sff pp mf sff p

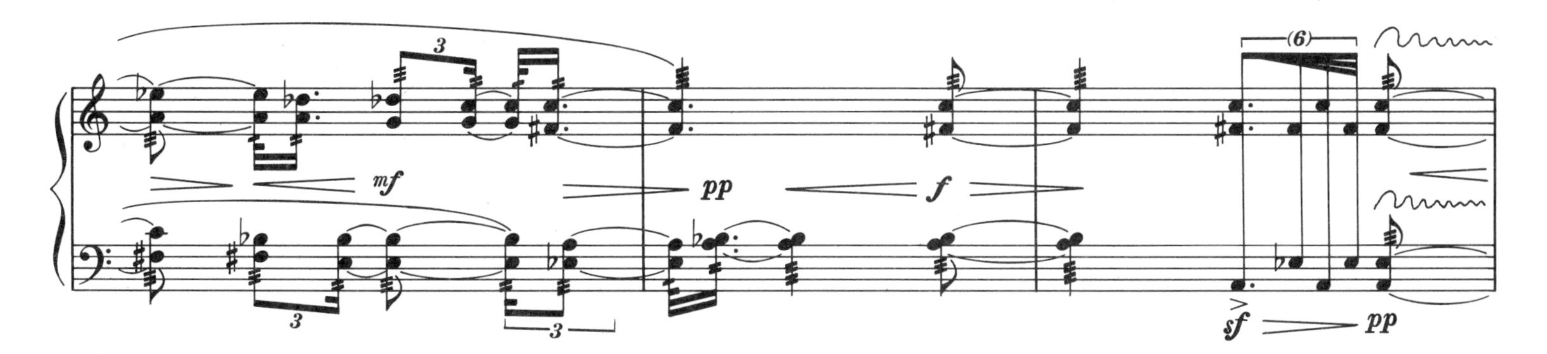
(6)
mf
pp
f
sf
pp

poco accel.
ff
ppp
f
pp
f
ppp

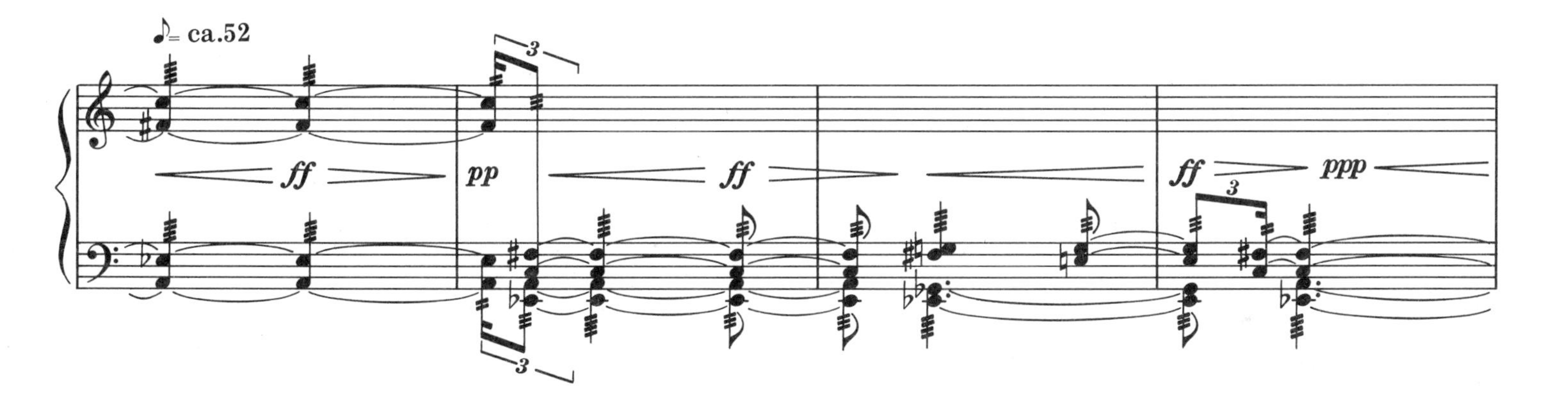
♪= ca.52
ff
pp
ff
ff
ppp

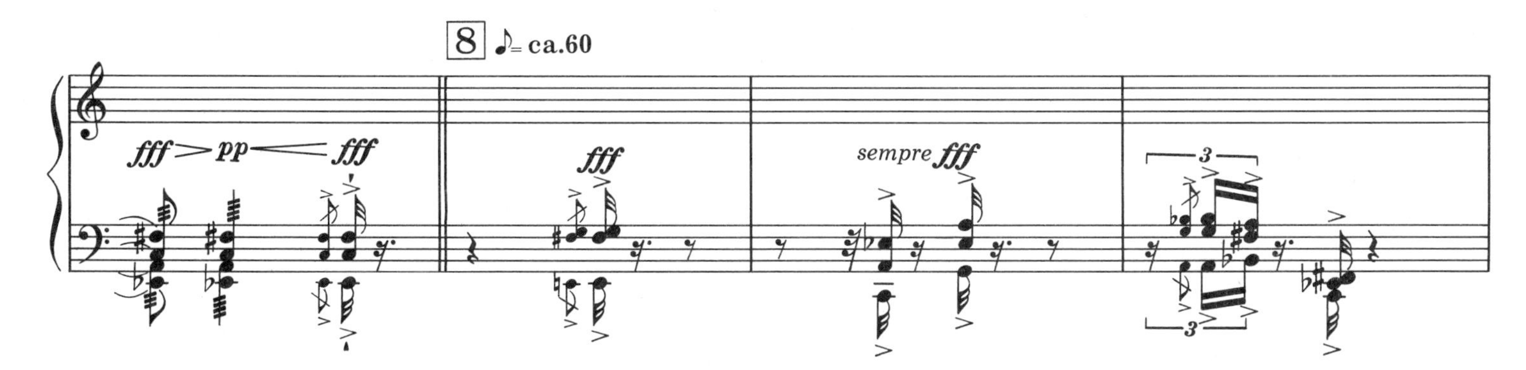
8
♪= ca.60
fff
pp
fff
fff
sempre fff

ppp

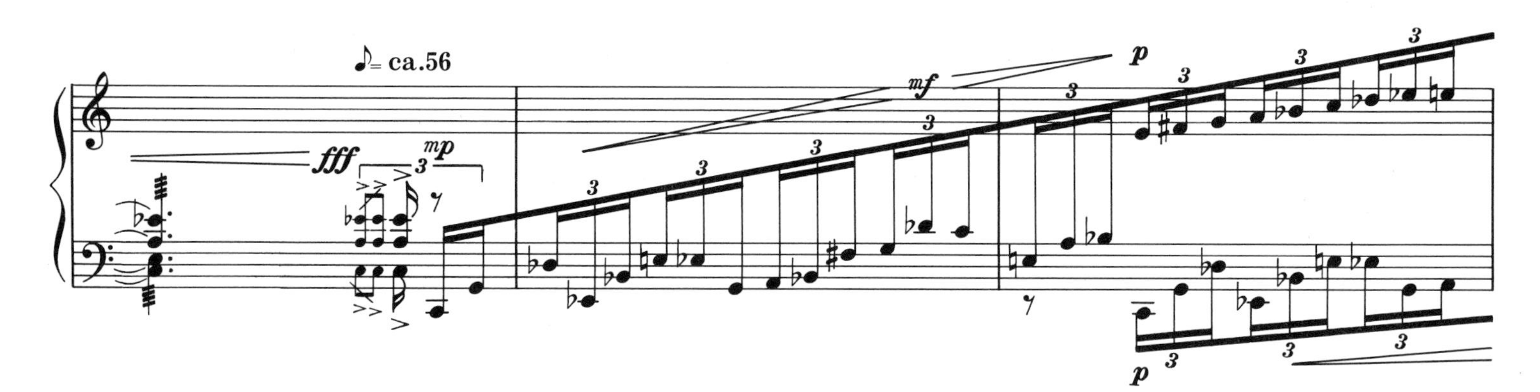
ca.56
fff
mp
mf
p
p

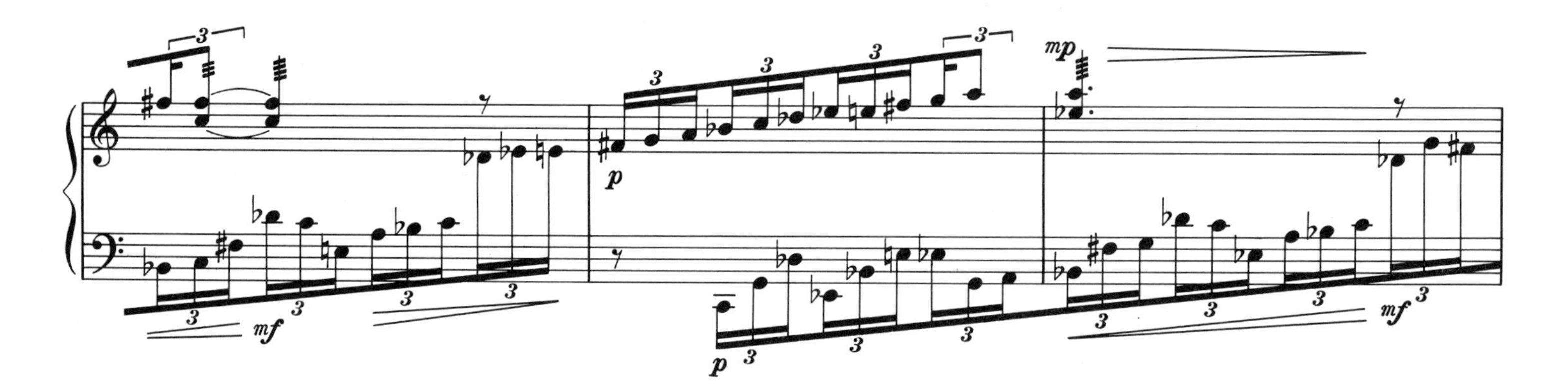
mf
p
mp
mf

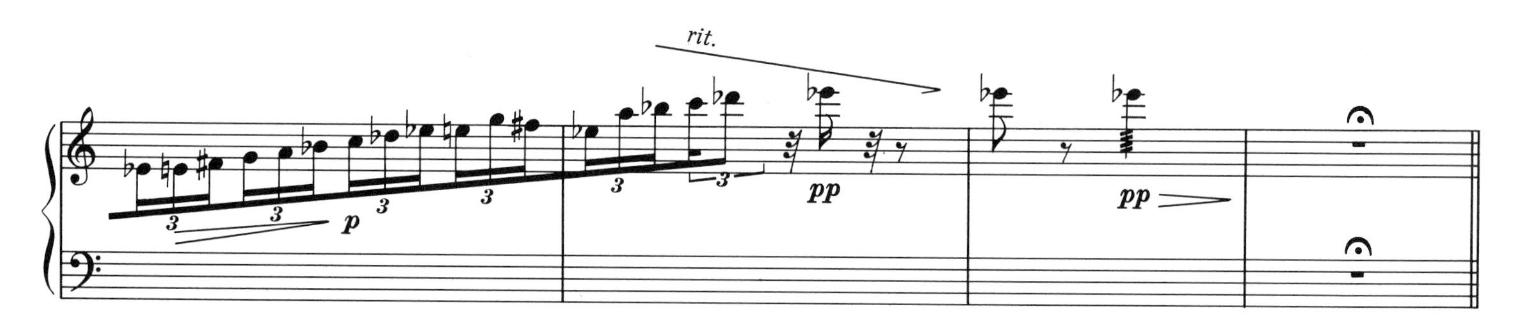
rit.
p
pp
pp

9
ca.44
pppp
mp
ppp
mf
pppp

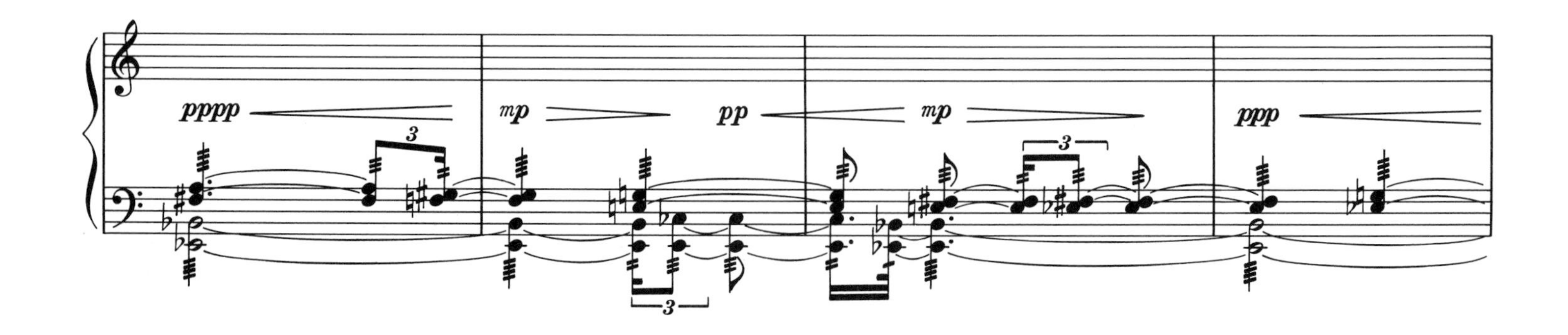
pppp
mp
pp
mp
ppp

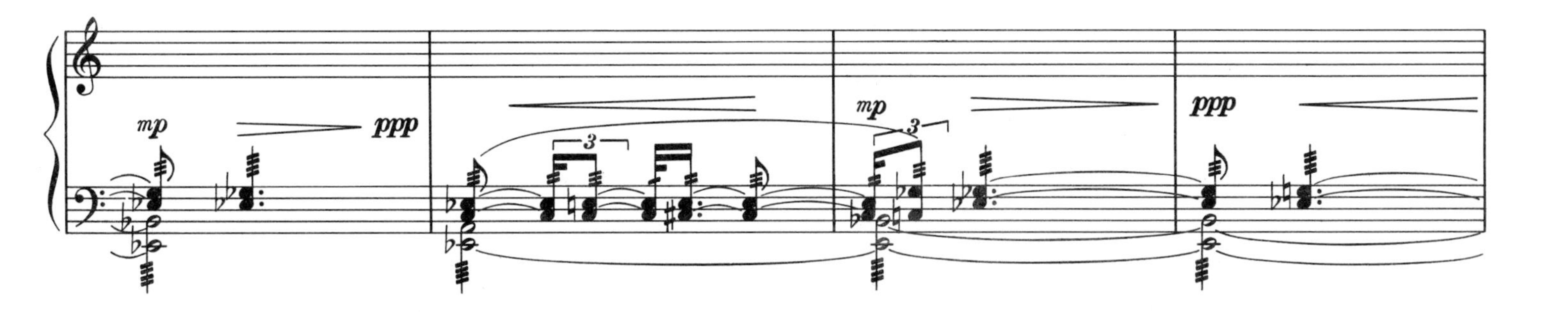
mp
ppp
3
mp
3
ppp

mp
pppp
mp
ppp

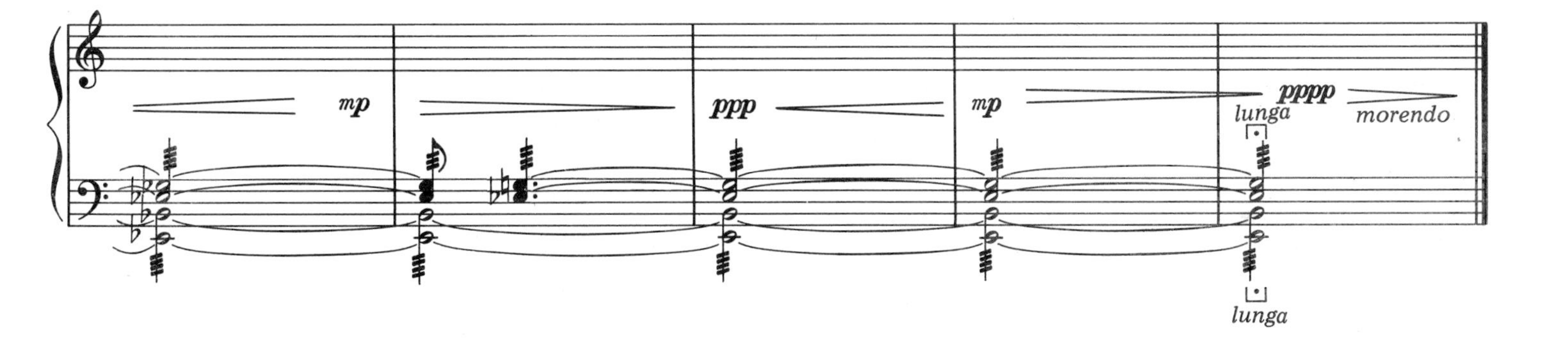
mp
ppp
mp
pppp
lunga
morendo
lunga

細川俊夫《想起》

マリンバのための

初版発行――――――――――――――――――――2005年10月23日

第1版第2刷②―――――――――――――――――2006年6月26日

発行―――――――――――――――――――――――日本ショット株式会社

―――――――――――――――――――――――――東京都千代田区飯田橋2-9-3 かすがビル2階

―――――――――――――――――――――――――〒102-0072

―――――――――――――――――――――――――(03)3263-6530

―――――――――――――――――――――――――ISBN4-89066-460-2

―――――――――――――――――――――――――ISMN M-65001-208-9